Eva Simon

Spannende und entspannende Spiele

Spiele für die Schule

Oldenbourg

PRÖGEL LERNVERGNÜGEN 15

Die Deutsche Bibliothek – CIP-Einheitsaufnahme

Spiele für die Schule. – München : Oldenbourg
Spannende und entspannende Spiele / Eva Simon. – 1. Aufl. – 1999
(Prögel-Lernvergnügen ; 15)
ISBN 3-486-98703-8

1. Auflage 1999 RE
Druck 03 02 01 00 99
Die letzte Zahl bezeichnet das Jahr des Drucks.

Umschlagkonzeption: Mendell & Oberer, München
Umschlagzeichnung: Jan Birck
Lektorat: Stefanie Fischer
Herstellung: Fredi Grosser
Grafiken: Jan Birck
Satz, Druck und Bindung: Schneider Druck GmbH,
Rothenburg ob der Tauber

ISBN 3-486-**98703**-8

Inhaltsverzeichnis

Alle Spiele sind mit Symbolen versehen. Die Symbole sollen dem schnellen Auswählen und Auffinden der Spiele dienen.

Ein Spiel für drinnen

Ein Spiel für draußen

Konzentrationsspiel

Ein lautes Spiel

Ein leises Spiel

Ein Spiel für die ganze Klasse

Gruppenspiel

Ein Spiel für zwei Schüler

Fünfminuten-Spiel

7, 8, 9, 10, 11, 12, 13, 14, 15, 17, 18, 19, 20, 21, 22, 23, 24, 25, 26, 27, 28, 29, 30, 31, 32, 33, 34, 35, 36, 37, 38, 39, 40, 41, 42, 43, 44, 45, 46, 47, 48, 49, 50, 51, 52, 53, 54, 55, 56, 57, 58, 59, 60, 61, 62, 63, 64

9, 16, 20, 21, 22, 25, 26, 28, 29, 31, 46, 47, 54, 55

7, 8, 9, 10, 11, 12, 13, 14, 15, 16, 17, 18, 25, 26, 27, 32, 33, 34, 35, 36, 37, 40, 44, 45, 46, 51, 52, 53, 54, 56, 57, 58, 59, 60, 61, 62, 63, 64

19, 20, 21, 22, 23, 24, 27, 28, 29, 30, 31, 34, 38, 55, 56, 57, 58, 64

7, 8, 9, 10, 12, 13, 14, 15, 16, 17, 18, 25, 26, 32, 33, 35, 36, 37, 39, 40, 41, 42, 43, 44, 45, 48, 49, 63

7, 8, 10, 11, 12, 13, 14, 15, 16, 17, 18, 19, 20, 21, 22, 23, 24, 25, 26, 27, 28, 29, 30, 31, 32, 33, 34, 35, 36, 37, 38, 39, 40, 41, 42, 43, 44, 45, 46, 47, 48, 49, 50, 51, 52, 53, 54, 55, 56, 57, 58, 59, 60, 61, 62, 63, 64

9, 10, 12, 13, 14, 15, 17, 18, 22, 23, 24, 25, 28, 35, 41, 43, 49, 55

11, 47, 48

7, 8, 9, 10, 20, 21, 37, 38, 40, 53, 57, 59, 60, 61, 62, 63, 64

Für alle Spiele in diesem Buch gelten folgende Regeln:

- Es sollten **alle** Mitglieder der Gruppe teilnehmen, aber kein Kind wird zu einer Aktivität gezwungen.
- Kein Spiel muss in einer Spielphase so lange gespielt werden, bis jede/r „dran" war, weil sonst manche Spiele „totgespielt" werden.
- Die jeweilige Spielregel sollte strikt, aber nicht verbissen eingehalten werden, solange keine neue, gemeinsam festgelegte gilt.
- Konflikte lassen sich nicht immer vermeiden. Sie sollten am Ende des Spieles unbedingt angesprochen werden.
- Die Spielleiterin braucht manchmal viel Geduld, muss ihre schlechte Laune vorher „in der Garderobe abgeben", sollte aber nicht spielen, wenn sie selbst überhaupt keine Lust dazu hat.

Und beim Einwand mancher Eltern „Aber die Kinder **lernen** ja nichts", keine langen Vorträge halten! Mitspielen lassen!

Einige Spiele aus dem Bereich **Beruhigen und Besinnen** sind mit einem ☆ versehen, weil sie mit einfachen Übungen vorbereitet werden können.
Diese Basisübungen sind im Bereich **Entspannen und Konzentrieren** vorgestellt in „60 Spiele für das 1. Schuljahr" (Prögel Lernvergnügen, Bd. 8)

BERUHIGEN UND BESINNEN

Nach einer Minute

Zu Beginn des Unterrichts oder bei allzu großer Unruhe auch mal zwischendurch bleiben die Kinder hinter ihren Tischen und vor ihren Stühlen stehen, schließen die Augen und sprechen nicht. Die Lehrerin sagt: „Wenn du meinst, jetzt ist eine Minute um, dann öffnest du die Augen und setzt dich leise hin – auch wenn andere noch stehen." Wichtig dabei ist, dass es möglichst gar nicht wieder laut wird nach dieser Schweigeminute. Dazu gehört auch leises Sprechen der Lehrerin!

BERUHIGEN UND BESINNEN

Simultane Bewegungen

Alle Kinder stehen ruhig im Kreis, nicht zu dicht beieinander. Holger hebt langsam beide Arme über seinen Kopf, lässt sie dann seitlich am Körper hinunter gleiten und geht wie in Zeitlupe in die Hocke. Alle machen schweigend und möglichst gleichzeitig diese Bewegungen nach. Dann nimmt Holger Silke dran, die sich andere langsame Bewegungsformen ausgedacht hat.

Variation: Batterie voll, Batterie leer
Solange die Batterie voll ist, werden die Bewegungen zügig durchgeführt. Je leerer sie wird, desto langsamer werden die Kinder, bis sie ganz erschlaffen.

BERUHIGEN UND BESINNEN

Zeitlupenwettlauf

André will dieses Spiel immer wieder ausprobieren, obwohl er noch nie gewonnen hat. Er bewegt sich nämlich jedes Mal zu schnell. Bei diesem „Wettlauf" gewinnt die Person, die die kürzeste Strecke zurückgelegt hat, d.h. die langsamsten Bewegungen gemacht hat. Mehrere Kinder stehen in einer Reihe. Auf ein Zeichen fangen sie an, sich vorwärts zu bewegen, aber gaaanz langsam. Sie dürfen nicht innehalten. Deshalb ist jedem Kind ein Aufpasser zugeordnet, der es ermahnt, wenn es zu erlahmen droht. Zu Beginn muss unbedingt eine feste Zeit vereinbart werden, z.B. drei Minuten. Viel länger halten es die „Wettläufer" nicht aus.

BERUHIGEN UND BESINNEN

Den Teddy anstarren

In die Mitte des Stuhlkreises hat Janina ihren Teddy gesetzt. Es geht darum, das Tierchen so lange wie möglich schweigend anzusehen. Wer zuerst lacht, spricht, stöhnt... muss dem Teddy etwas schenken. Deshalb sitzt Teddy inzwischen auf einem Tablett, umringt von Murmeln, Kaugummi, Bildchen, Zopfspangen... Einmal haben es die Kinder fünf Minuten lang ausgehalten und haben hinterher über ihre Durchhaltestrategien gesprochen: den Teddy in Gedanken abmalen, an etwas anderes denken, schwarze Punkte zählen, einen Brief an den Teddy schreiben... Die „Geschenke" können übrigens nach einer Zeit zurückgegeben werden.

BERUHIGEN UND BESINNEN

Malen zu zweit

Mona und Jan haben in der Pause auf jedem Tisch mit Klebestreifen ein DIN A3-Blatt befestigt und einen langen Malstift daneben gelegt. Wenn die Mitschülerinnen und Mitschüler ins Klassenzimmer kommen, setzen sie sich paarweise vor je ein Blatt und fassen gemeinsam den Stift an. Dann schließen sie auf Monas Anweisung die Augen. „Malt gemeinsam ein Haus, aber ohne zu sprechen!" sagt Jan. Alle fangen an, den Stift über das Blatt zu führen. Dabei haben sie die Gesichter mit den geschlossenen Augen nach oben gedreht, um nicht in Versuchung zu kommen, heimlich zu blinzeln. Einige Paare „malen" ganz leise, ganz zielstrebig. Andere kämpfen um die Macht am Stift. Wenn Mona „Augen auf" ruft, bricht Geschrei und Gelächter aus, weil die Häuser z.T. sehr komisch aussehen. Beim nächsten Blatt mit einem neuen Thema (z.B. ein Hund) wechseln die Kinder den Platz – am Stift: Wer oben war, fasst jetzt unten an.

BERUHIGEN UND BESINNEN

Fantasiereise: Mein blaues Zimmer

Wenn irgend möglich, liegen die Kinder bei dieser Übung auf Isomatten – mit geschlossenen Augen. Zuerst hören sie auf die leise Musik aus dem Rekorder (echte Klavier- oder Gitarrenmusik wäre natürlich besser) und kommen zur Ruhe. Dann macht die Lehrerin mit ihnen eine Fantasiereise: „Stell dir bitte das Zimmer vor, in dem du dich besonders gern aufhältst. Das kann dein Zimmer sein oder das Wohnzimmer oder die Küche… Setz dich auf deinen Lieblingsplatz und sieh es dir in Gedanken ganz genau an, so wie es ist, mit den Möbeln, dem Wandschmuck, der Einrichtung… Achte auch auf alle Farben in dem Raum… Nun stell dir vor, wie sich langsam der Boden, die Wände, die Zimmerdecke und nach und nach alle Gegenstände **blau** färben… Du sitzt mitten im Blau… Wie sehen die Dinge jetzt aus? Wie fühlst du dich in diesem blauen Zimmer? Wenn du dich wohl fühlst, gehe ein paar Schritte hin und her; wenn nicht, kannst du das Zimmer gleich wieder zurückverwandeln…"
Nach dieser Farbreise berichten die Kinder von ihren Erlebnissen, natürlich freiwillig: Wie im Aquarium, unter Wasser, ganz kühl, so nass, wie im Geisterschloss… Die anderen hören zu, ergänzen vielleicht, fragen nach. Nur Bewerten ist strengstens verboten, auch für die Lehrerin. Und beim nächsten Mal wagen wir uns vielleicht an ein grünes Zimmer?!

BERUHIGEN UND BESINNEN

Stell dir vor, du bist, hast, kannst...

Wieder nehmen die Kinder eine Ruhestellung am Tisch oder auf dem Boden ein und schließen die Augen. Nach der Musik beginnt die Lehrerin mit der Übung: „Stell dir vor, du bist (muss eigentlich „wärst“ heißen, irritiert aber manches Kind) ein Elefant. Dann hast (hättest) du einen Rüssel und vier dicke Beine und du kannst (könntest) mühelos Zweige von den hohen Bäumen pflücken. Langsam und leicht bewegst du dich am Rande des Urwalds. Deine Familiengruppe ist bei dir. Wie geht es dir als Elefant? Was brauchst du? Was brauchst du nicht?“

Die Kinder berichten danach nicht nur von ihren Vorstellungen, sondern sie stellen auch den Elefanten dar, wie er vorsichtig geht und seinen Rücken am Baum (Türrahmen) scheuert. Dann schlagen sie selbst das nächste Objekt vor: zum Beispiel ein Baum sein mit einem dicken Stamm und mächtigen Wurzeln. Er kann einem Sturm widerstehen. In der Krone wohnen viele Tiere. Auch einen Baum können die Kinder pantomimisch darstellen: fest stehen, Äste ausbreiten... Oder wie ginge es dir als Telefon? Du kannst Anrufe entgegen nehmen und aufzeichnen. Du hast einen Hörer und eine Glocke. Du bist manchmal lebensnotwendig...

BERUHIGEN UND BESINNEN

Fortsetzungsgeschichten

Manuel, Demirali und Robert haben es am liebsten, wenn die Lehrerin jede Woche eine Fortsetzungsgeschichte erzählt, während sie ruhig zuhören mit geschlossenen Augen. In diesen Geschichten kommen sie nämlich auch vor – als Ritter Emanuel, Demiralus und Roberto. Die drei erleben mit anderen zusammen gewaltige Abenteuer, bestehen große Gefahren und helfen immer armen und schwachen Kreaturen. Dafür werden sie bewundert und geliebt (und sind mal für kurze Zeit nicht diese Nervensägen, vor denen die Mitschülerinnen davonlaufen).
Das tut gut – auch der Lehrerin.

Fühlmemory

Die Lehrerin hat unbedruckte Bierdeckel aus dem Bastelladen besorgt. Die Kinder haben eine Menge Krimskrams mitgebracht: Gummibänder, Stoffreste, Wachspapier, Knöpfe, Verschlüsse, Moosgummi, Strohhalme… Jedes Kind stellt mindestens ein Pärchen zum Fühlen her, indem es beide Deckel sehr sorgfältig und ganz gleich beklebt. Wenn das Memory fertig ist, teilt die Lehrerin jedem Kind verdeckt einen Deckel zu und behält den „Bruder“ im Kasten. Kein Kind darf den Deckel umdrehen und betrachten; nur Befühlen ist erlaubt. Dann mischt die Lehrerin die anderen Deckel und gibt sie nach und nach ab an Nina, die links neben ihr sitzt. Nina befühlt den neuen Deckel genau und versucht herauszufinden, ob es vielleicht der Partner zu dem Deckel ist, den sie bereits hat. Wenn das zutrifft, legt sie beide Deckel offen vor sich auf den Tisch (oder Boden). Wenn nicht, gibt sie den neuen Deckel weiter. Das Spiel ist beendet, wenn alle Paare offen liegen. Manche Deckel gehen zweimal in der Runde herum, wenn ein Kind sich nicht sicher war, ob die Teile gleich sind.

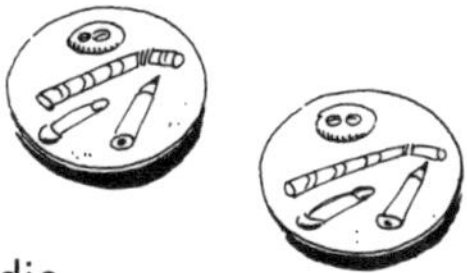

BERUHIGEN UND BESINNEN

Einen Spürpfad legen

Während der Freiarbeit haben Ulli und Ramona auf einem Rasenstück auf dem Schulgelände viele unterschiedliche Gegenstände in eine Reihe gelegt. Zweige, einen Tafelschwamm, einen Tannenzapfen, ein altes Schreibmäppchen, einen Turnbeutel, einen Schuh, einen Schal, einen Haufen Blätter... Sie holen sich je ein Kind aus der Klasse und verbinden ihm die Augen, bevor es den Spürpfad sehen kann. Vor Ort ziehen sie ihm die Schuhe und Strümpfe aus und lassen es die Gegenstände mit den bloßen Füßen ertasten und erraten, ohne seine Vermutungen zu korrigieren. Diese beiden Kandidaten holen dann die nächsten zwei Kinder aus der Klasse.

Summball

Die Kinder sitzen im Kreis und schließen die Augen. Ein weicher Ball wird von Hand zu Hand gegeben, und zwar von der linken Hand in die eigene rechte Hand, von da aus in die linke Hand der Nachbarin usw.
Jeweils das Kind, welches den Ball gerade hat, summt. Alle Mitspielerinnen und Mitspieler halten die Augen bis zum Schluss (wenn der Ball einmal im Kreis herum ist) geschlossen.
Das Spiel sollte man möglichst gleich noch einmal in der anderen Richtung spielen, damit die Ersten auch mal die Letzten sind.
Das Weitergeben des Balles sollte vorher einmal mit offenen Augen geübt werden.

Variation: Ein mit Wasser gefüllter Becher wird herumgegeben.
Daraus kann nach einiger Übung auch das Gießen von einem Becher in den anderen werden – mit geschlossenen Augen, versteht sich!

BERUHIGEN UND BESINNEN

Bienenkorb

Möglichst alle Mitspielerinnen und Mitspieler bewegen sich langsam mit geschlossenen Augen und vorsichtig ausgestreckten Armen im Raum.
Die Spielleiterin legt einem Kind die Hand auf die Schulter. Daraufhin fängt dieses an zu summen und bleibt stehen. Die anderen müssen zu dem „Summer" finden – immer noch mit geschlossenen Augen – und fangen dann auch an zu summen. Erst wenn die Spielleiterin das verabredete Zeichen (Klatschen oder Triangel) gibt, dürfen die Kinder die Augen öffnen.

Diesem Spiel sollten einfache Übungen mit geschlossenen Augen vorausgehen (siehe Vorwort). Denn erst wenn sicher ist, dass alle Kinder in der Lage sind, die Augen lange genug geschlossen zu halten, entfaltet dieses Spiel seinen eigenen Reiz: Erstaunen, wenn ich entdecke, wo und neben wem ich stehe… Gemeinsamkeitsgefühl beim Summen…
Bei Gruppen mit wenig Spielerfahrung ruft dieses Spiel oft Verlegenheitslachen hervor. Das scheint mir durch die Nähe, durch die „Blindheit", durch das Summen hervorgerufen zu werden. Es hat dann wenig Sinn, mit Ärger zu reagieren; aber vor der nächsten Wiederholung dieses Spiels an einem anderen Tag kann ich schon darauf hinweisen, dass es sich um ein besonderes Spiel handelt, bei dem es viel zu erspüren gibt in sich selbst.

BEWEGEN UND BERÜHREN

Lawine

Alle sitzen im Kreis. Die Musik wird angestellt. Kathrin fordert Holger auf, mit ihr zu gehen. Sie gehen eine Runde in der Kreismitte. Dann trennen sie sich und fordern je ein anderes Kind auf. Nun gehen schon vier Kinder herum. Sie fordern wieder je ein Kind auf, so dass acht umhergehen – danach sechzehn. Da es nur noch selten Klassen mit zweiunddreißig Kindern gibt (was die nächste Lawinenverdoppelung wäre), werden die restlichen Kinder nicht mehr aufgefordert, sondern bleiben sitzen. Diese „Sitzenbleiber" versuchen, ohne den Kontakt zu ihrem Stuhl zu verlieren (!) – und sei er auch nur durch eine Fußsohle am Stuhlbein gesichert – eins der umhergehenden Kinder zu berühren, das sich dann hinsetzen und auch mit nach den Wandernden angeln muss. Wenn nur noch ein Kind in der Mitte „unberührt" umhergeht, nicht rennt (!), kann die Lawine von vorne anfangen.

Pausensamba

Zu Sambamusik bewegen sich die Kinder in der freien Fläche in der Mitte des Raumes. Hanna steht am Kassettenrekorder und drückt ab und zu auf die Pausentaste. Dann erstarren die Tanzenden, bis die Musik wieder anfängt. Im Laufe des Tanzens gibt es nun immer wieder Pausen, in denen unterschiedliche Aufgaben von Hanna gestellt werden:

- Die nächststehende Person berühren und erstarren (freeze)
- Mit der nächsten Person Rücken an Rücken stehen und dann tanzen
- Mit den Händen auf dem Rücken, dem Kopf, den Knien tanzen
- Auf der Stelle tanzen
- Mit einem Partner – Handflächen aneinander – tanzen.

Schattengehen

Zu Musik gehen Paare (die eine Person hinter dem Rücken der anderen) durch den Raum. Die vordere Person macht Bewegungen vor, die hintere macht sie während des Gehens nach. Nach einer Weile werden die Rollen gewechselt.

Variation: Dem Spiegel folgen
Die Paare stehen sich gegenüber. Ein Kind streckt eine Handfläche vor. Das andere Kind schaut auf die Handfläche wie in einen Spiegel. Dann setzen sich beide in Bewegung, ohne dass sich der Abstand zwischen ihnen verändern darf. Wie auch immer das Spiegelkind die Handfläche dreht, das andere Kind muss mit Augen, Kopf und Körper folgen, so lange es möglich ist. Wird der Kontakt zum Spiegel durch eine Stellung der Handfläche unmöglich gemacht und dadurch unterbrochen, tauschen die Spieler ihre Rollen.

BEWEGEN UND BERÜHREN

Sichtbehinderung

Je drei Kinder tun sich zusammen. Die beiden Äußeren stehen sich gegenüber und versuchen sich in die Augen zu sehen. Sie nehmen dafür die merkwürdigsten Verrenkungen in Kauf. Das mittlere Kind versucht den Blickkontakt zu verhindern, indem es sich geschickt immer zwischen den beiden Anderen hin und her bewegt, ohne sie jedoch zu berühren. Nach einer Weile wird gewechselt.

Mit dem Po zuerst

In der Raummitte sind ungeordnet 6 bis 8 Stühle verteilt. Die Kinder bewegen sich zu rhythmisch-fröhlicher Musik durch das Stuhllabyrinth. Anja steht am Rand, drückt die Pausentaste am Kassettenrekorder und ruft zum Beispiel: „Mit dem Po!" Dann berühren alle Kinder mit dem genannten Körperteil den Stuhl in ihrer Nähe an irgendeiner Stelle. Dabei ist nicht nur die Sitzfläche des Stuhles gemeint. Lehne, Kanten, Beine sind ebenso erlaubt und gewisse Körperverrenkungen durchaus erwünscht. Da es weniger Stühle als Kinder sind, teilen sich mehrere Kinder einen Stuhl. Aber Drängeln und Schubsen sind verboten. Die jeweilige Berührung soll eher beiläufig erfolgen. Wenn wieder Musik ertönt, bewegen sich die Kinder weiter bis zum nächsten Ruf, zum Beispiel: „Mit dem rechten Ellenbogen!"

BEWEGEN UND BERÜHREN

Mitten im Verkehrsgewühl

Die Schultaschen werden unter die Tische gestellt und die Stühle dicht herangeschoben. Dann verwandeln sich die Kinder in Autos und fahren durch das Klassenzimmer, wobei sie gerne Fahrgeräusche von sich geben können, nur nicht zu laut. Anna und Peter dürfen auf je einem Tisch stehen (Zeitung drunter!). Anna ist Polizistin. Peter sagt die Ampelphasen an. Bei einem Zusammenstoß schickt Anna beide Fahrer in die Werkstatt, d.h. an den Rand des Spielfeldes. Wer nicht rechtzeitig bei „Gelb“ stoppt, muss zu Peter auf die Wache, d.h. auf den Tisch (aber sitzend). Damit es für die letzten Fahrer nicht zu leicht wird, verkürzt Peter die Zeit zwischen den Ampelphasen und Anna ahndet nun auch, wenn ein Auto Tisch oder Stuhl berührt.

Nach der Größe sortieren

Heiko lässt sich willig ein Tuch um die Augen binden und macht sich dann an die Arbeit: Aus einer Kindergruppe mit unterschiedlichsten Körpergrößen formt er nur mit seinen Händen eine Reihe, die nach der Größe sortiert ist. Seine Mitschülerinnen und Mitschüler sind still, weil er sonst schon an der Stimme erkennen würde, wer vor wem stehen muss. So aber befühlt er die Köpfe und vergleicht so die Körperhöhe, bevor er das eine Kind vor, hinter, neben das andere rückt. Zum Schluss streicht er noch einmal über die Linie aller Köpfe, drückt auch mal auf das Haar, wenn der Unterschied zu gering ist und korrigiert sich noch. Dann wird ihm die Augenbinde abgenommen und er ist stolz, dass er alle Kinder ohne einen Fehler nach der Größe sortiert hat.

BEWEGEN UND BERÜHREN

Monatsreihe ohne Worte

An diesem Spiel nimmt die ganze Klasse teil. Es wird eine Linie angegeben, auf der die Monatsreihe stehen soll und die Stelle, wo sie mit dem Januar beginnt. Mehr nicht. Ohne zu sprechen, sollen sich die Kinder so aufstellen, dass die Januar-Geborenen an erster Stelle stehen und die Dezember-Geborenen am Ende. Innerhalb der Monate soll auch die richtige Reihenfolge eingehalten werden, d.h.: Vorne stehen die Kinder vom Anfang des Monats, dahinter die aus der Mitte usw. Die Kinder kommen nach dem ersten Chaos schnell darauf, dass beide Hände eine wichtige Rolle spielen: Zuerst wird mit einer Hand oder beiden Händen der Monat angezeigt, danach innerhalb der Monatsreihe das genaue Datum. Es sieht aus wie Gebärdensprache. Zum Schluss sagen sie zur Kontrolle der Reihe nach laut ihr Geburtsdatum und lachen über Ulrike und Björn, die eng umschlungen an ihrem Platz stehen, weil sie beide am 7. Juni Geburtstag haben.

BEWEGEN UND BERÜHREN

Stäbe und Bälle

Zu diesem Spiel brauchen wir ausnahmsweise einige Materialien, die aber nur einmal beschafft werden und dann jederzeit griffbereit in der Klasse bereit liegen. Wir sammeln zwanzig harte Pappröhren aus dem Inneren von Haushaltsrollen. Das sind unsere Stäbe. Dazu gehören zwanzig ausrangierte Tennisbälle. Zu flotter Musik bewegen sich zwanzig Kinder im Raum, je einen Ball auf einem Stab balancierend. Wenn ein Ball herunterfällt, übergibt das entsprechende Kind Stab und Ball an eines der Kinder, die noch im Außenkreis sitzen und setzt sich selbst hin. Die Aufgaben werden immer schwieriger:

- Die andere Hand nehmen! – Rückwärts gehen!
- Während des Gehens Stab und Ball mit einem anderen Kind tauschen!
- Über einen Stuhl steigen, selbstverständlich ohne den Ball zu verlieren…

Die schwierigste Übung findet ohne Musik statt und wird bei Gelingen heftig beklatscht: Den Stab mit dem Ball darauf hinter dem eigenen Rücken durchgeben!
Wenn Sie eine hilfsbereite Kollegin Werklehrerin haben, schneidet sie Ihnen bestimmt gerne Besenstiele in etwa 30 cm lange Stücke und vertieft sie an den Enden. Diese Stäbe sind natürlich noch haltbarer.

BEWEGEN UND BERÜHREN

Gruppenmaschine

Die Klasse teilt sich in zwei Gruppen. Eine Gruppe bleibt im Klassenzimmer, die andere geht nach draußen oder ins Treppenhaus. Beide Gruppen denken sich eine Maschine aus, die aus allen Gruppenmitgliedern bestehen soll. Ob das nun eine reine Fantasiemaschine (zum Beispiel zum Erzeugen von Träumen…) wird oder eine „real" nachgebaute Flaschenreinigungsanlage, spielt keine Rolle. Es muss aber ein mechanischer Vorgang nachvollziebar sein – mit entsprechender (Kolben-)Bewegung, mit (Zisch-)Geräuschen… jedoch ohne Worte. Die andere Gruppe muss nicht nur herausfinden, um welche Art von Maschine es sich handelt, sondern auch den „Abstellknopf" finden, der vorher von den Spielern festgelegt worden ist.

BEWEGEN UND BERÜHREN

Salatschüssel

Die Klasse teilt sich in vier Gruppen. Die Gruppen sitzen in den vier Ecken des Raumes auf Tischen. Die erste Gruppe besteht aus Möhren, die zweite aus Zwiebeln, die dritte aus Bohnen, die vierte aus Kartoffeln. Wenn Alex ruft: „Zwiebeln und Kartoffeln!“, müssen diese beiden Gruppen ihre Plätze tauschen. Die Gruppe, die als Erste wieder richtig auf dem Tisch sitzt, bekommt einen Punkt. Die Lehrerin zählt die Punkte. Alex lässt auch Bohnen und Möhren tauschen, ebenso die anderen Kombinationen. Nur wenn er „Salatschüssel“ ruft, müssen alle Gruppen die Plätze wechseln. Vorsicht, Verletzungsgefahr durch Aufeinanderprallen! Deshalb ist beim Ruf „Salatschüssel“ nur Gehen erlaubt.

BEWEGEN UND BERÜHREN

Eisschollen

Es hat schrecklich gefroren und der ganze Klassenfußboden ist mit Eis (Zeitungspapier) bedeckt, auf dem sich die Kinder vorsichtig bewegen. Da fängt es an zu tauen. Johannes nimmt etliche Zeitungsblätter weg, so dass nur Eisschollen übrig bleiben. Wer nicht ertrinken will, rettet sich auf eine Eisscholle. Aber Johannes ist ein richtiger Tauwind. Es wird immer weniger „Eis-Papier" für die vielen Kinder. Ganz eng aneinander gedrückt, z.T. aneinander geklammert, versucht die Gruppe zu „überleben".
Johannes und etwaige Zuschauer registrieren genau, wo die meisten Kinder auf der kleinsten Scholle Platz haben, nach dem Motto: Wie viele passen auf eine Zeitung? Das sind die Sieger. (Wenn man denn welche braucht!)

BEWEGEN UND BERÜHREN

Heuljauler

Die Heuljauler sind blind und krumm. Sie können nur rückwärts laufen. Zwei Reihen von Kindern stehen sich mit möglichst großem Abstand gegenüber. Die einen sind die Heuljauler, die auf ein Zeichen rückwärts loslaufen. Die anderen bilden eine Mauer, in der nur an einer Stelle eine Lücke ist. Diese Lücke gilt es für die blinden Heuljauler – rückwärts – zu finden. Sobald ein Heuljauler durch die Lücke geschlüpft ist, gibt er durch andauerndes Heulen seinen Artgenossen bekannt, wo die Mauer durchlässig ist. Natürlich werden die Rollen danach getauscht.

HINHÖREN UND WAHRNEHMEN

Dem Ton folgen

Alle Kinder haben den Kopf und die Arme auf den Tisch gelegt, so dass sie nichts sehen können. Patrick geht mit einer Triangel durch den Raum und schlägt ab und zu darauf. Ohne den Kopf zu heben, verfolgen die Kinder den Ton mit ausgestrecktem Arm und Finger. Wenn Patrick seinen Gang beendet hat, heben die Kinder die Köpfe. Patrick übergibt Yasmin die Triangel. Sie versucht, genau Patricks Spuren nachzulaufen, während alle Kinder zugucken. Dabei macht sie allerdings einen Fehler. Danach versucht Dennis sein Glück und Patrick ist mit dem Ergebnis zufrieden. Für den nächsten „Tongang“ wählt er Jessica aus, die ihren Weg mit einer Handtrommel geht.

Hund und Knochen

Daniel ist der „Hund“ und hockt in der Kreismitte. Vor ihm liegt der „Knochen“ in Gestalt eines Tuches (Kissen, Kuscheltier usw. eignen sich auch). Daniel hat die Augen geschlossen oder verbunden. Es ist ganz still im Raum. Auf ein Zeichen der Spielleiterin schleicht sich Nina an Daniel heran, um den „Knochen“ zu stehlen. Gelingt ihr das, ohne dass Daniel sich rührt, so muss er weiter „Hund“ sein. Der „Knochen“ wird wieder vor den Hund gelegt. Gero ist nicht ganz so geschickt beim Anschleichen, denn der Hund fasst in seine Richtung. Der Knochen ist gerettet und Gero ist der nächste Wachhund. Er denkt, dass es günstig ist, sich andauernd im Kreis zu drehen; aber das ist nicht erlaubt. Der Hund darf nur gezielte Bewegungen aus der Ruhe heraus machen.

Tiere raten

In der Freiarbeit haben die Kinder Tierkarten hergestellt, immer zwei von der gleichen Art. Dazu werden auf gleich großen Papierstücken Tiere gezeichnet (oder aus alten Zeitschriften ausgeschnitten und aufgeklebt). Ronny verteilt diese Karten verdeckt an die Hälfte der Klasse. (Die andere Hälfte kommt nächstes Mal dran.) Die Kinder, die eine Tierkarte erhalten haben, gehen gleichzeitig in die Kreismitte und versuchen lautlos, dieses Tier so genau wie möglich nachzumachen. Dabei achten sie darauf, welches Kind ähnliche Bewegungen macht und gesellen sich zu ihm als Partner. Auf ein Zeichen von Ronny ahmen sie leise den entsprechenden Tierlaut nach und entdecken so, ob der Partner wirklich zu ihnen gehört. (Schon mancher Hund merkt dann erst, dass er mit einer Katze „fremdgegangen" ist!)
Es kann nützlich sein, wenn vorher die Bewegungen bestimmter Tiere geübt werden. Bei jüngeren Kindern gehen die Tiere besser nacheinander in die Mitte, bzw. beginnen mit den Lauten, weil das für den Anfang einfacher ist.

Pantomimische Aufgabe

In der Turnhalle oder in einem anderen größeren Raum kann dieses Spiel mit zwei Kreisen beginnen: Innen- und Außenkreis bewegen sich gegenläufig. Auf ein Zeichen von Holger bleiben alle stehen und wenden sich dem nächstplatzierten Partner des anderen Kreises zu. Holger ruft nun vielleicht: „Eine schwere Kiste tragen!“ Dann mühen sich die zufälligen Partner mit einer imaginären Kiste ab, pantomimisch, ohne Worte.
Als Nächste fordert Kathrin nach dem Herumgehen die neuen Partner auf: „Eine kostbare große Vase verpacken!“
Im Klassenraum fängt das Spiel gleich zu zweit an und die Aufgaben werden weniger raumgreifend gewählt, z.B. gemeinsam ein Schaufenster betrachten, ein Geschenk aussuchen, sich gegenseitig ein Kleidungsstück anziehen, wobei die Hälfte der Klasse – im Außenkreis sitzend – erraten kann, was die anderen darstellen.
Variation: Bei längerer Übung kann in kleineren Gruppen die „Pantomimische Kette“ gespielt werden: Alle Mitglieder der Spielgruppe – bis auf zwei – verlassen den Raum (möglichst nicht im Treppenhaus „herumgeistern“ lassen, sondern einen anderen Raum benutzen oder eine Beschäftigungsaufgabe lösen lassen!). Von den beiden Kindern im Raum stellt eines einen einfachen Vorgang pantomimisch dar (höchstens eine Minute lang) und das andere Kind muss aufpassen, damit es den Vorgang für den nächsten hereingerufenen Mitspieler genau nachmachen kann. Strengstens sprachfrei! Keine Erklärungen! Jeder spielt es dem nächsten Kind so vor, wie er es gesehen hat. Zum Schluss spielt der Erste noch einmal seine Pantomime vor allen Kindern. Dann erst erfolgt die „Auflösung“ mit Worten.

Wecker suchen

Lukas versteckt einen tickenden Wecker im Klassenraum, aber erst nachdem alle Kinder ihre Köpfe auf den Armen auf dem Tisch haben. Dann stehen die Kinder auf ein Zeichen von Lukas auf und suchen schweigend und horchend nach dem Ticken. Wer es gefunden hat, schreit nicht los: „Hier ist der Wecker", sondern flüstert Lukas den Ort ins Ohr und setzt sich still wieder hin. Hat der Ratende sich vertan, schickt Lukas ihn noch einmal auf die Suche, bis alle Kinder wieder an ihren Plätzen sitzen.
Beim nächsten Mal versteckt Miriam eine Spieluhr und da muss man sich ein bisschen beeilen, weil die ja nur für eine bestimmte Zeit ihr Lied ertönen lässt.

Fernsehen ohne Ton

Angela wird es während der Kunststunde zu laut im Klassenzimmer. Sie nimmt einen Papprahmen, der aussieht wie der Rahmen eines Bildschirms und stellt sich an die Tafel. Dort hält sie sich den Rahmen um das Gesicht und fängt an zu sprechen – zuerst in normaler Lautstärke, dann leise, schließlich ohne Ton. Dabei versucht sie die Laute mimisch sehr genau zu artikulieren. Sie erzählt eine kurze lustige Geschichte oder einen kleinen Witz. Wer die Pointe herausgefunden hat, freut sich. Wer nicht, war trotzdem aus Neugier leise und bleibt es hoffentlich auch für den Rest der Stunde.

Geräuschbilder

Anna und Stefan gehen freiwillig vor die Tür. Dann teilt Jessica ihre Mitschülerinnen und Mitschüler, die im Kreis sitzen, in verschiedene Tiergruppen ein: Schafe, Rinder, Gänse, Ziegen, Schweine, Katzen und ein Hund. Wenn die Beiden hereinkommen, fangen alle Tiere gleichzeitig an, ihre speziellen Laute von sich zu geben. Natürlich erraten Anna und Stefan schnell, dass es sich um das Geräuschbild eines Bauernhofes handelt. Nun fangen die beiden an, mit den Tierlauten zu spielen. Zunächst gehen sie im Kreis umher. Währenddessen müssen alle Tiere still sein. Nur die, vor denen sie stehen bleiben, dürfen „Laut geben". So können sie ein „Konzert" veranstalten, besonders wenn sie ihre Arme zur Lautstärkenregelung hinzunehmen (Arme oben bedeutet laut, Arme unten leise).

Variationen: Geräuschbilder vom Bahnhof, vom Wochenmarkt, vom Schwimmbad...

HINHÖREN UND WAHRNEHMEN

Flüsteraufträge

Uta denkt sich einen Auftrag aus, der im Rahmen des Möglichen liegt, z.B. „Sing die erste Strophe von…“ und flüstert ihn Andreas ins Ohr.
Andreas hat jetzt zwei Möglichkeiten zu reagieren: Er kann den Auftrag sofort ausführen oder er kann ihn verweigern, indem er nur den Kopf schüttelt. In diesem Fall darf Uta noch einen weiteren Mitspieler flüsternd auffordern, der dieselben Möglichkeiten hat.
Ganz gleich, ob sie Erfolg hatte oder nicht, Uta darf den nächsten „Auftraggeber“ wählen, der vielleicht dem Florian zuflüstert: „Streichel mal der Melanie über's Haar!“ Ob er das macht?
Bei diesem Spiel kommt es sehr darauf an, welcher Art die Aufträge sind und an welche Kinder sie gerichtet werden. Je besser sich die Gruppe kennt, umso knisternder kann die Spannung werden. Es kann aber auch geschehen, dass die Aufträge bestimmter Kinder grundsätzlich nicht ausgeführt werden. Das liegt dann meistens weniger an der Art des Auftrags als an der Stellung des Auftraggebers im Klassenverband. Darüber muss gesprochen werden.

HINHÖREN UND WAHRNEHMEN

Blitzlicht

In der Klassenmitte wird auf dem Boden ein „Stillleben“ aufgebaut aus etwa 10 bis 15 unterschiedlichen Gegenständen. Dann legen die Kinder den Kopf auf die Arme auf dem Tisch.
Die Lehrerin nimmt einen Gegenstand weg. Sie gibt ein akustisches Zeichen, z.B. mit einem Gong. Die Kinder schauen auf. Gleich danach gongt sie wieder, und die Köpfe müssen erneut auf die Arme. Wer in dieser kurzen Zeit (wie im Blitzlicht) bemerkt hat, welcher Gegenstand fehlt, meldet sich (Kopf bleibt unten) und gibt seine Beobachtung preis. Wenn sie stimmt, darf er als Nächster etwas wegnehmen (oder hinzufügen).

Im Heißluftballon

Die Lehrerin hat ein großes Stück Papier in die Mitte des Stuhlkreises auf den Boden gelegt. Darauf skizziert sie im Beisein der Kinder einen Heißluftballon. Neben der Skizze liegen Stifte und je ein Stapel brauner und blauer Karten. Nachdem kurz über die Art gesprochen wurde, wie solche Ballons fahren (die Ballonfahrer wehren sich gegen „fliegen"), werden die Fragen gestellt: „Was zieht dich hoch? Was zieht dich runter?" Die Antworten für „oben" werden auf blauen Karten, für „unten" auf braunen Karten notiert. Die Kinder haben genügend Zeit, beliebig viele Karten auszufüllen. Was ein Kind „hochzieht", wird auf den Ballon gelegt (z.B. ausschlafen, mit meiner Freundin zusammensein, ins Kino gehen). Was „herunterzieht" (z.B. Klassenarbeiten, Lehrergemecker, Ärger auf dem Schulhof) kommt auf den Fahrgastkorb und drumherum.
Bevor die Antworten vorgelesen und besprochen werden, sollten sie sortiert werden: Zum Beispiel werden alle „Hausaufgaben"-Karten, die den Korb beschweren, aufeinander gelegt. Ebenso die vielen „Pausen"-Karten oben im Ballon... Ziel ist es, immer differenzierter auf das eigene „Hoch – Tief" zu achten. Anliegen der Lehrerin könnte es außerdem sein, aufzuzeigen, was einen „hochziehen" kann – auch ohne fremde Hilfe.

KOMBINIEREN UND FANTASIEREN

Das Farbenspiel

Die Kinder haben auf weißen und schwarzen Karton (ca. 25 x 25 cm) farbige Formen gemalt oder geklebt: Dreiecke, Kreise, Quadrate, Rechtecke, aber auch Sterne, Herzen, Halbmonde... Auf jedes Blatt kommt nur eine große einfache Form in möglichst kräftiger Farbe. Diese Karten (mindestens in Klassenstärke und in Klarsichthüllen) werden in der Stuhlkreismitte ausgelegt.
Für dieses Spiel ist besonders der Montag geeignet.
Katja fängt an. Sie nimmt eine Karte und sagt: „Ich wähle heute dieses dunkelgraue Dreieck, weil es gestern zu Hause zu dritt ganz langweilig und trist war." Jetzt können die anderen Kinder Katja befragen, woran das wohl gelegen hat o. Ä., aber nur, wenn sie wirklich Interesse daran haben. Dann legt Katja das Dreieck zurück und nimmt Florian dran. Der greift sich die Karte mit dem blauen Quadrat und sagt: „Ich wähle dieses blaue Quadrat, weil es mich an das Schwimmbad erinnert, in dem ich gestern mit Ulli war." Wenn keine Nachfragen kommen, legt Florian die Karte wieder in die Mitte und nimmt Viola dran. Wichtig ist, dass alle Äußerungen freiwillig sind.

Bilder wählen

Die Lehrerin hat aus Kalendern, alten Zeitschriften und Zeitungen... viele DIN A4-Blätter gesammelt und sie in Klarsichthüllen gesteckt.
Sascha darf diese farbigen und schwarz-weißen Kalenderbilder und Fotos auf dem Boden im Kreisinneren auslegen. Alle Kinder gehen ruhig um die Auslage herum, betrachten schweigend die Bilder und setzen sich dann wieder hin. Sascha fordert mehrere Kinder auf, sich je ein Bild auszusuchen und mit zum Platz im Stuhlkreis zu nehmen.
Das kann nach unterschiedlichen Fragestellungen geschehen (aber nur eine pro Sitzung):

- Welches Bild magst du am liebsten und warum?
- Welches magst du gar nicht gern und warum nicht?
- Welche Person wärst du gern in einem Bild?
- In welchem Bild möchtest du gern sein?
- Welches Bild passt besonders gut zu dem Kind, dessen Namen du gezogen hast? (Es sind vorher Namenskärtchen verteilt worden)
- Welches Bild möchtest du gern weitermalen?

Wenn jedes Kind ausgewählt hat, legt es das Bild vor sich auf den Boden, so dass alle es sehen können und sagt einen Satz zu der jeweiligen Fragestellung.

Variation: Je drei bis vier Kinder tun sich zusammen, um eine Bilderszene nachzuspielen, und die anderen raten, aus welchem Bild die Szene stammt.

Ich schenke dir

Bei diesem Spiel geht es darum, genau einzuschätzen, was zu der Mitschülerin oder dem Mitschüler passt und welches „Geschenk“ Freude machen würde. Gleichzeitig geht es darum, Dank und Änderungswünsche höflich zu formulieren und das Gedächtnis zu trainieren.
Karen geht zu Yvonne, überreicht ihr ein Holzei (als symbolisches Geschenk) und sagt: „Ich schenke dir einen roten Schal.“ Yvonne antwortet: „Danke, den kann ich gut zu meinem dunkelblauen Mantel gebrauchen.“ Sie nimmt das Ei und geht zu Dennis: „Ich schenke dir einen Koalabär als Kuscheltier.“ Dennis will entrüstet aufbrausen, fängt sich dann aber und sagt höflich, indem er das Holzei zurückgibt: „Ich hätte lieber einen Pinguin, weil ich die doch sammle. Könntest du mir den Koalabär, bitte, umtauschen?“ Yvonne nickt und gibt Dennis erneut das Ei, mit dem er nun zu Johannes geht, um ihm eine gelbe Schirmmütze zu schenken. Johannes freut sich sehr, wünscht sie sich aber in Blau. Das geht so weiter, bis etwa die Hälfte der Kinder „dran“ war. Diese „beschenkten“ Kinder müssen nun aufstehen. Die andere Hälfte hat – hoffentlich – gut aufgepasst und kann jetzt die Stehenden „erlösen“, und zwar so: „Yvonne, du hast von Karen einen roten Schal bekommen.“ Stimmt! Yvonne darf sich hinsetzen. „Johannes, du hast von Dennis eine gelbe Schirmmütze erhalten.“ Stimmt nicht ganz, Johannes muss noch stehenbleiben, bis jemand sagt, dass es eine blaue war.

KOMBINIEREN UND FANTASIEREN

Kofferpacken

Die ursprüngliche Form dieses Spieles ist sicher allgemein bekannt. Christiane fängt an: „Ich packe in meinen Koffer ein Buch." Der Nachbar Stefan fährt fort: „Ich packe in meinen Koffer ein Buch und ein Hemd". Der Dritte muss Buch, Hemd und noch etwas einpacken usw. bis das letzte Kind alles – hoffentlich fehlerfrei – aufgezählt hat, was vorher schon eingepackt wurde.
Aber das meint Raffael nicht, wenn er nach diesem Spiel verlangt. Er liebt die
Variation 1: Nur er bestimmt, was in den Koffer hinein darf, ohne es jemandem zu sagen. Es geht reihum. Mark: „Eine Zahnbürste?" – „Nein!" – Ulrike: „Ein Stofftier?" – „Ja!" – Dennis: „Eine Schachfigur?`" – „Ja!" – Haben es alle erraten? Raffael wollte nur Spielzeug in seinem Koffer haben. (Oder nur Dinge aus Holz oder die mit einem „K" anfangen...)

Variation 2: Der Koffer wird für ein bestimmtes Kind im Kreis gepackt und es muss selbst darauf kommen.

Variation 3: Der Koffer wird für ein Geburtstagskind voller Wünsche gepackt.

Variation 4: In den Koffer dürfen nur Dinge, die kein Geld kosten.

Variation 5: Die Dinge, die in den Koffer sollen, werden nur mit Gesten und Geräuschen dargestellt.

KOMBINIEREN UND FANTASIEREN

Begegnung auf dem Mars (Silly walks)

Die Kinder sitzen oder liegen mit geschlossenen Augen im Kreis. Das Spiel beginnt mit einer Fantasiereise auf den Mars. „Stellt euch vor, ihr wärt gerade mit dem Raumschiff auf dem Mars gelandet. Unbeholfen tapst ihr dort herum. Plötzlich kommen merkwürdige Gestalten auf euch zu, die sich auf ebenso merkwürdige Art fortbewegen. Ihr müsst lachen, weil sie sehr komische Gehweisen haben. Sie fordern euch auf, mitzukommen, und so folgt ihr ihnen. Langsam bewegt ihr euch auf einen Berg zu…" Wenn alle Kinder die Augen geöffnet haben, erhebt sich Felix und macht in der Kreismitte eine komische Gangart vor, rhythmisch und in den zwei bis vier Schrittfolgen gleich bleibend. Wer Lust hat, folgt ihm in derselben Weise. Die Übrigen versuchen, im Takt dazu zu klatschen.
Monika löst Felix mit einem neuen „silly walk" ab, bis sie wieder abgelöst wird von Lukas. Mit entsprechender Verkleidung kann daraus eine Theaterszene werden.

Das ABC-Sammelspiel

Bei schönem Wetter kann dieses Spiel gut draußen gespielt werden. Große Karten mit den Buchstaben des Alphabets (außer C, Q, X, Y) werden auf den Boden gelegt. Die Klasse wird in zwei Gruppen geteilt. Jede Gruppe erhält die gleiche Anzahl Karten und versucht nun, zu jedem Buchstaben möglichst schnell mindestens einen realen Gegenstand mit dem passenden Anfangsbuchstaben zu finden.
Zum Beispiel: A = Ahornblatt, B = Birkenrinde,
D = Deckel…
Im Klassenzimmer sind es vermutlich andere Gegenstände:
A = Arbeitsheft, B = Blumentopf…

Variation 1: Paarweise können zu den Buchstaben so viele Gegenstände gesucht werden, wie es die vereinbarte Zeit erlaubt.

Variation 2: Schwieriger wird die Suche, wenn nur bestimmte Gegenstände erlaubt sind, z.B. nur aus dem Bereich der Natur, von Menschen hergestellt, schwimmfähig, essbar…

Irlepuz und Worpelmäx

Vor je zwei Kindern liegt eine saubere Pappe (mindestens DIN A3) auf dem Tisch. In der Klassenmitte steht ein „Demonstrationstisch". Dort liegen viele unterschiedliche Materialien in Kästen: Knöpfe, Steine, Stäbchen, Pappröllchen, Moosgummi, Bänder... Die Kinder können auch einen kleinen Vorrat am Platz liegen haben.
Nun schreibt die Lehrerin einen Fantasienamen an die Tafel, z.B. Worpelmäx. Sie gibt mit der Triangel ein Zeichen, und die Partner fangen an (ohne zu sprechen) mit den vorhandenen Materialien eine Figur auf die Pappe zu legen (nicht zu kleben), die ein Worpelmäx sein könnte. Nach einem abermaligen Zeichen (etwa nach 3 bis 5 Minuten) dürfen die Kinder wieder sprechen, gegenseitig die Werke betrachten und den schönsten Worpelmäx küren.

KOMBINIEREN UND FANTASIEREN

Den Stab verwandeln

In der Kreismitte steht Maria mit einem Stab (kann ein Besenstiel sein). Sie macht – ohne zu sprechen – eine Bewegung mit dem Stab, die auf ihre Tätigkeit hinweist. Sie dirigiert zum Beispiel ein unsichtbares Orchester. Maximilian nimmt ihr – auch ohne zu sprechen – den Stab aus der Hand, macht zuerst das Dirigieren nach und benutzt den Stab dann als Balancestange zum Seiltanzen. Auch er wird abgelöst, ohne dass gesprochen wird, bis alle Kinder dran waren oder niemandem etwas Neues einfällt. Erst dann kann Unklares mit Worten geklärt werden.

Variation: Daraus kann das Gruppenspiel „Ein Tuch verwandeln" entstehen: Es werden mehrere Gruppen gebildet. Jede Gruppe hat ein Tuch, mit dem sie nach kurzer Besprechung eine kleine Szene ohne Worte spielt, aus der die Bedeutung des Tuches eindeutig hervorgeht.

Ich bin der Einzige

Clemens sagt z.B.: „Ich bin der Einzige in dieser Runde, der Tischtennismeister der A-Klasse ist". Wenn die Aussage stimmt, geht's bei der Nachbarin weiter, z.B. mit: „Ich bin die Einzige in dieser Runde, die gestern Brathähnchen gegessen hat." Stimmt die Aussage nicht, korrigiert sie der Mitspieler, der auch gestern Brathähnchen gegessen hat, mit „Stimmt nicht! Ich auch." Dann geht es bei ihm weiter, sonst der Reihe nach.
Auch dieses Spiel gewinnt an Tiefe, wenn sich die Gruppe gut kennt. Die Aussagen werden immer differenzierter und persönlicher, sodass manchmal Nachdenklichkeit und ein anderes Mal große Heiterkeit entstehen kann.
Ganz nebenbei ist das Spiel eine Übung dafür, dass es nicht heißt: „Ich bin der Einzigste".

Variation: Wahr oder unwahr: „Ich bin gestern vom Zehn-Meter-Turm gesprungen", behauptet Oliver mit Pokerface. Anita sagt: „Stimmt nicht". Wenn sie recht hat, geht es bei ihr weiter. Sonst kann Oliver die nächste Behauptung aufstellen. Dazu können sich die Kinder ein eigenes Punktsystem ausdenken.

KOMBINIEREN UND FANTASIEREN

Das Telefonspiel

Alle Kinder denken sich ein Gesprächsthema und einen Gesprächspartner zum Telefonieren aus, z.B. beim Klempner anrufen und um einen schnellen Termin bitten oder eine Verabredung treffen oder eine Beschwerde bei einer Behörde loswerden…
Dann stellt sich ein „Telefonfräulein“ (wie in früherer Zeit) in die Kreismitte und vermittelt ein Gespräch zwischen zwei Teilnehmern, indem es mit ausgestreckten Armen auf sie zeigt. Diese Beiden beginnen ein ganz normales Telefongespräch etwa in der Art: „Hallo, Martin, hast du heute Zeit, mit mir zu spielen?“ – „Ja, ich wollte dich auch gerade anrufen. Wann denn?“
Jetzt hat das „Fräulein“ einen Arm weggezogen und zeigt damit z.B. auf Claudia im Kreis. Die hatte sich vorgenommen, ihren Klempner anzurufen, um ihn endlich zur versprochenen Arbeit heranzuziehen. „Wann denn? Wann denn? Das fragen Sie auch noch!? Am besten gestern!“ Martin reagiert verwundert: „Wieso gestern?“ Claudia wird wütend und erinnert „ihren Klempner“ an sein Versprechen. Inzwischen ist der Arm weitergewandert und Melanie, die Liebesworte in die Muschel säuselt, fühlt sich von ihrem vermeintlichen Liebhaber äußerst gekränkt, weil er meint, mit seiner Autowerkstatt zu reden…
Dieses Spiel setzt ein hohes Maß an Flexibilität, Einfallsreichtum und Schnelligkeit voraus. Deshalb ist es durchaus gestattet zu sagen: „Kein Anschluss unter dieser Nummer“ oder „Hier spricht der automatische Anrufbeantworter…“ oder „Falsch verbunden“. Das gibt Gelegenheit, ein neues „Telefonfräulein“ auszuwählen, mit dem dann wieder frisch begonnen wird.

KOMBINIEREN UND FANTASIEREN

Ich bin die Flasche

Die Gruppe sitzt im Kreis. Carina springt in die Mitte, hockt sich hin und sagt: „Ich bin die Flasche." Zwei weitere Kinder springen dazu und nennen je einen Begriff, der zur Flasche passt, z.B. „Ich bin der Korken" und „Ich bin das Wasser".

Carina nimmt nun ein Kind wieder mit zurück in den Kreis und läßt das Kind in der Mitte hocken, dessen Begriff am besten weiterführt. In diesem Falle ist es das „Wasser-Kind". Es wiederholt laut: „Ich bin das Wasser."

Die beiden nächsten Kinder, die in die Mitte springen, wissen passende Begriffe zu „Wasser", vielleicht „Fisch" und „Schiff". Wieder wird ein Kind in der Mitte belassen, wiederholt seinen Satz, und die nächsten springen dazu... Kein Begriff darf doppelt genannt werden, sonst endet das Spiel. In der ursprünglichen Spielversion konnte jeder in die Kreismitte hopsen, dem etwas einfiel.

Das führte aber zu einer wilden Rangelei, weil oft nachträglich nicht auszumachen war, welche die zwei Ersten waren. Außerdem kamen auf diese Weise fast immer dieselben Kinder dran, nämlich die schnellsten. Wenn es der Reihe nach geht, darf natürlich auch geholfen werden. In einer 4. Klasse haben wir es einmal auf achtzehn Runden gebracht.

Drei Laute – drei Bewegungen

Zu Beginn der Übung denken sich die Kinder gemeinsam drei Bewegungen aus, die in der Kreismitte durchgeführt werden können. Dann wird jeder Bewegung ein bestimmtes Geräusch zugeordnet.

1. Rasseln: Einmal um sich selbst drehen
2. Triangel: Die Arme hoch über den Kopf heben
3. Klanghölzer: In die Knie gehen

Drei Kinder erhalten nun je eins der Instrumente und setzen sich an den Rand des Kreises. Die übrigen stehen in der Mitte und bewegen sich nach dem „Laut-Diktat" der Drei, die sich ohne Worte verständigen. Die Instrumente sollen natürlich nicht immer in der gleichen Reihenfolge betätigt werden, sondern möglichst überraschend und unterschiedlich, so dass sich die Kinder stets von neuem auf Ton und Bewegung konzentrieren müssen. Je geübter die Gruppe, desto kürzer die Abstände zwischen den Signalen. Später können auch vier und mehr Kombinationen erprobt werden.

KONZENTRIEREN UND REAGIEREN

Nashorn, Elefant, Ente

„Dieses Spiel macht am meisten Spaß mit den Eltern zusammen, weil es so komisch aussieht, wenn ein Großer in der Mitte mit zwei Kleinen an seiner Seite ein gemeinsames Tier darstellt," meint Michael und will unbedingt beim Elternabend der Spielleiter dafür sein. Er muss die Bewegungen genau kennen und gut vormachen können:
Beim Nashorn wird die rechte Hand ausgestreckt mit dem Daumen an die eigene Nase gehalten, und die Nachbarn bilden mit Daumen und Zeigefinger je ein rundes Öhrchen an deinem Kopf.
Beim Elefant wedeln deine Nachbarn mit beiden Händen wie mit großen Ohren neben deinem Kopf, und du hast einen Arm ausgestreckt und der andere greift unter ihm hindurch zur eigenen Nase.
Bei der Ente bildest du mit deinen Handflächen vor deinem Mund einen Schnabel, und deine Nachbarn wackeln mit Po und Hüften dazu.
Das Spiel funktioniert dann so: Die Dreiergruppen stehen in der Runde. Wenn Michael auf eine Gruppe zeigt und eins der Tiere benennt, stellen die Spieler das gewünschte Tier dar. Sobald Michael auf die nächste Gruppe zeigt – und das kann recht schnell gehen – darf sich das vorhergehende „Tier" wieder „auflösen".

KONZENTRIEREN UND REAGIEREN

Mütterchen, Jäger, Löwe

Zuerst üben wir, wie die Haltung des Mütterchens ist, nämlich gebückt mit vor der Brust gekreuzten Armen. Die Geste des Jägers fällt besonders manchen Jungen leicht, die Arme ausgestreckt, so als wäre ein Gewehr im Anschlag. Bei dem Löwen machen wir uns ganz groß und heben beide Arme hoch über den Kopf – zum Angriff bereit.
(Ayse erinnert an das Knobelspiel von Stein, Schere und Papier, und die anderen Kinder begreifen schnell die Parallele):

- Trifft der Löwe auf den Jäger, gewinnt der Jäger (wegen des Gewehrs!).
- Trifft der Jäger auf das Mütterchen, gewinnt dieses, denn er bringt es galant nach Hause.
- Trifft das Mütterchen auf den Löwen, auweia, gewinnt er.

Zwei zahlenmäßig gleich starke Gruppen sitzen in je einer Reihe einander gegenüber. Zwei Kinder (von jeder Gruppe eins) stellen sich mit dem Rücken zueinander im Abstand von etwa 3 m in der Mitte zwischen den Gruppen auf. Sie gehen (langsam!) rückwärts aufeinander zu, drehen sich, kurz bevor sie zusammenstoßen, um und nehmen eine der beschriebenen Haltungen ein. (Stoßen zwei gleiche Figuren aufeinander, darf wiederholt werden). Das Kind, das gewonnen hat, bleibt im Feld. Das andere muss sich hinsetzen und wird von einem Mitglied seiner eigenen Gruppe ersetzt. Jedes Kind kommt nur einmal dran. Wenn eine Gruppe keine Mitspieler mehr hat, hat sie verloren. Bei diesem Spiel gewinnt also die Gruppe, welche die meisten Spieler auf der Reservebank behält. Das wird aber bei all der Spannung völlig zweitrangig.

KONZENTRIEREN UND REAGIEREN

Die heiße Kartoffel

Für dieses Spiel braucht man einen Schaumstoffball. Ein Kind in der Kreisrunde, Frank, schließt die Augen, während die anderen die „heiße Kartoffel" (Ball) schnellstens weitergeben (nicht werfen!). Frank sagt irgendwann: „Stopp." Wer dann die Kartoffel als Letzter berührt hat, hat die Hand „verbrannt", muss sich wegdrehen und ist der nächste „Stopp-Sager". Er darf keinen Ball mehr annehmen, bleibt aber im Kreis sitzen mit umgedrehtem Stuhl, Lehne nach vorne.
Die Zahl der „Brandblasenfreien" schrumpft; die Kartoffel muss zu den Kindern gebracht, nicht gerollt werden, bis zum Schluss nur noch zwei Kinder übrig bleiben. Das eine Kind darf den Ball erst dann dem anderen Kind zurückgeben, wenn dieses wieder auf seinem Platz sitzt. (Der letzte Stopp-Sager sollte sich etwas Zeit lassen, weil diese Endphase so spannend ist.)
Das Kind, das als letztes „unversehrt" übrig bleibt, kann alle anderen „erlösen" und „heilen" durch Streicheln, ein geflüstertes Zauberwort, einen Salbentupfer, Gummibärchen…

Tohuwabohu

Robert hat sich freiwillig in die Kreismitte auf einen Stuhl gesetzt. Er will sich einer Konzentrationsprüfung unterziehen. Er hat einen Zettel in der Hand, auf dem eine kurze, ihm unbekannte Geschichte mit einer Pointe steht. Diese Geschichte soll er lesen, sich merken und dann allen nacherzählen. Na und?! Das Schwierige an Roberts Situation ist, dass es sehr laut ist im Raum. Die Kinder lachen, rufen, hopsen herum und werfen sich kleine Schaumstoffbälle zu, so als wären sie in der Pause auf dem Schulhof. Robert soll trotz dieses Tohuwabohus seine Aufgabe in möglichst kurzer Zeit schaffen. Sobald er fertig ist, haut er auf die Pauke (jawohl!). Die Lehrerin hat die Zeit gestoppt, und alle Kinder setzen sich schnell auf ihre Plätze und hören zu. Wenn Robert nun die Geschichte genau wiedergibt und den Schluss nicht vermasselt, bekommt er für den Tag die Tohuwabohu-Kette umgehängt. Sie besteht aus lauter kleinen Glöckchen.

Name rechts – Sprichwort links

Zuerst sagen alle Kinder ihrem rechten Nachbarn den Namen eines prominenten oder allen Anwesenden bekannten Menschen ins Ohr, und der Nachbar muss den Namen im Kopf behalten (nicht den, den er selbst gesagt hat).
Nun flüstern alle ihrem linken Nachbarn ein Sprichwort oder einen markanten Satz ins Ohr, den dieser wiederum gut behalten sollte.
Wer beides gespeichert hat, legt beide Hände flach auf die Oberschenkel.
Barbara fängt an, eine Geschichte zu erzählen, z.B. „An einem schönen Sommerabend treffen sich – (sie zeigt auf Markus, der geistesgegenwärtig antwortet: „Boris Becker") – also Boris Becker und – (sie zeigt auf Katrin...) – Schneewittchen in einem Parkhaus. Schneewittchen findet den Ausgang nicht, und deshalb fragt sie Boris:...
(Barbara nimmt Stefan dran...) ‚Weißt du, wieviel Sternlein stehen?' und Boris antwortet (jetzt wird Manuela von Barbara aufgefordert...): ‚Immer wieder Samstags kommt die Erinnerung'."
Wenn Barbara in Hochform ist, macht sie weiter, bis alle Mitspieler ihre Namen und ihre Sätze losgeworden sind. Barbara erkennt das daran, dass immer weniger Hände auf den Schenkeln liegen, denn beim Nennen des Namens nehme ich meine rechte Hand weg und beim Sagen des Satzes die linke.

Eine Ente, zwei Beine...

Es geht der Reihe nach im Kreis herum und das möglichst schnell. Tobias sagt: „Eine Ente", seine Nachbarin: „Zwei Beine", der Nächste „Plumps". Dann folgen zwei Enten, vier Beine, plumps, plumps (weil sie ja nacheinander ins Wasser gehen). Das kann manchmal bis 15 Enten, 30 Beine und 15 Mal plumps gehen, wobei vorher abgemacht werden muss, ob jedes „plumps" von einer anderen Person gesprochen werden soll – der Reihe nach – oder von einer insgesamt.

Variation: Zack mit 7
Reihum wird gezählt, aber anstelle aller Zahlen mit 7 (7, 17, 27, ...) bzw. aller Zahlen, die durch 7 teilbar sind (14, 21, 28, ...) wird „Zack" gesagt.
Die Kinder, die Fehler machen, scheiden aus (sie bleiben im Kreis sitzen, schlagen aber ihre Arme übereinander), sodass am Ende – zum Vergnügen aller Anwesenden – nur noch einige Cracks ihre Reaktionsfähigkeit auf die Probe stellen.

Schnipszahlen

Die Kinder zählen im Stuhlkreis der Reihe nach durch. Dann wird die Bewegungsfolge geübt:

- Mit beiden Händen auf die eigenen Oberschenkel schlagen
- In die Hände klatschen
- Mit beiden Händen (d.h. Daumen und Mittelfinger) schnipsen.

Sandra fängt an mit Schlagen, Klatschen, Schnipsen und sagt dann „12“. Helga ist die Nummer 12 und macht gleich weiter mit der Bewegungsfolge und ruft Nr. 18 auf. Das ist Oliver und der hat nicht aufgepasst. Aber seine rechte Nachbarin Stefanie macht sofort weiter, denn die schnelle Spielfolge sollte möglichst nicht unterbrochen werden. Aber Oliver muss aufstehen und stehenbleiben. Zwischendurch wird er mal angewählt, damit er sich wieder setzen kann.

KONZENTRIEREN UND REAGIEREN

Das Zählspiel

Greta liebt das Zählspiel. Sie möchte unbedingt, dass wir wenigstens bis 10 kommen und das ist schwer. Wir müssen nämlich zügig laut zählen – ohne Absprache – und dabei darf jede Zahl nur einmal von einem Kind genannt werden! Greta fängt an mit 1; schnell hängt sich Klaus mit 2 dran, aber die 3 wird leider von Inka und Marion gleichzeitig gesagt. Also fängt Greta wieder mit 1 an, dieses Mal ist aber schon bei 2 Schluss, weil Holger und Dennis es zur gleichen Zeit gesagt haben…
Eines Tages kam Greta mit Verschwörermiene in den Raum und bestand auf dem Zählspiel. Wir kamen bis 26. So viele Kinder waren in der Klasse. Greta hatte allen vorher ihre Zahlen zugeteilt.

Die Keksdose

Ralf sagt: „Eva hat die Dose mit Keksen geklaut."
Eva fragt: „Wer? Ich?"
Ralf antwortet: „Ja, du!"
Eva: „Ich nicht!"
Ralf: „Wer denn?"
Eva: „Rosa hat die Dose mit Keksen geklaut."
Rosa: „Wer? Ich?" usw. Sollte flott gespielt werden.

Was die Zwillinge mögen

Anja fragt Simon: „Mögen die Zwillinge Eis?" Simon antwortet: „Nein". Holger fragt Simon: „Mögen die Zwillinge Butter?" Simon antwortet: „Ja, Butter mögen sie."
Die Zwi**ll**inge mögen also nur Wörter mit Doppelbuchstaben: So**nn**e, aber kein Licht – Wa**ss**er, aber keinen Regen... Damit dieses Spiel nicht nur ein einziges Mal in der Klasse gespielt werden kann, sollte die Lehrerin darauf bestehen, dass die Regel nicht verraten, sondern nur durch das Spiel selbst gefunden wird. Dann kann es einige Zeit dauern, bis jedes Kind mit den richtigen Wörtern fragt.

Wörter-Domino

Dies ist ein schnelles Spiel im Kreis. Die Kinder kommen nacheinander an die Reihe. Anfänglich darf noch von Nachbarn geholfen werden. Es geht um eine möglichst lange ununterbrochene Kette von zusammengesetzten Nomen wie: Haustür – Türschloss – Schlosshof – Hofhund – Hundehütte – Hüttendach – Dachfenster – Fensterglas...
Dabei ist die Gemeinschaftsleistung ausschlaggebend. Die Zahl der Wörter wird zum Schluss an die Tafel geschrieben, und die Klasse hofft, beim nächsten Mal noch eine längere Kette zustande zu bringen.
Nach und nach begreifen die Kinder, dass die Länge der Kette von der Wahl der Wörter abhängt. Hätte Jessica z.B. statt „Dachfenster" lieber „Dachdecker" gesagt, wäre es für Jan schwierig geworden. „Decker –? Decker –?"
Das Spiel übt u.a. vorausschauendes Denken.

KONZENTRIEREN UND REAGIEREN

Händeklappern

Die Kinder bleiben an ihren Plätzen sitzen. Fabian schlägt mit der linken Handfläche auf die Tischplatte, gleich danach mit der rechten. Seine rechte Nachbarin Nadine macht das gleiche und so geht es einmal im Kreis herum mit dem Händeklappern, bis es wieder bei Fabian angekommen ist. In der nächsten Runde „klappert" Fabian wie zuvor, hängt dann aber schnell noch einen Schlag mit der linken Hand an. Deshalb ist jetzt nicht Nadine dran, sondern Fabians linker Nachbar Thomas, der das Klappern mit seiner rechten Hand entgegennimmt und mit der linken weiterleitet zu Astrid. Diese schlägt mit ihrer rechten Hand zweimal, d.h. sie gibt das Klappern an Thomas zurück. Ein mögliches Klapper-Muster könnte so sein: A: Links-rechts, B: Links-rechts, C: Links-links, B: Rechts-rechts, C: Links-rechts, D: links-rechts, E: Links-links, D: Rechts-rechts… bis die Restlichen in der Runde protestieren, dass sie nie drankommen. Das Spiel macht erst richtig Spaß, wenn es sehr schnell gespielt wird.